AF542693

EDIT DV ROY, PORTANT
Suppression d'vne partie des Officiers des Elections de ce Royaume, tant en chef que particuliers, Receueurs des Tailles & du Taillon, Payeur des Mareschaussées, & Payeurs des gages & droicts desdites Elections; Tous lesquels Officiers supprimez seront remboursez. Et augmentation de fonctions & émolumens à ceux qui sont retenus & conseruez, auec pouuoir de iuger sans appel, iusques à la somme de vingt liures pour les cottes des particuliers.

Verifié en la Chambre des Comptes & Cour des Aydes le 9. Mars 1654.

LOVIS par la grace de Dieu, Roy de France & de Nauarre, à tous presens & à venir, Salut. Ayans esté cy-deuant contraints à nostre grand regret, de recourir à diuers moyens, pour fournir aux dépenses extraordinaires que nous sommes obligez de supporter, pour conseruer nostre Estat contre les entreprises d'vn puissant Ennemy, qui n'oublie rien pour tascher à prendre quelque aduantage sur nous, tant par les hostilitez ouuertes qu'il exerce depuis plusieurs années, que par les seditions & reuoltes qu'il essaye tous les iours d'exciter & fomenter dans nostre Royaume : Et comme il n'est pas possible que les propositions qui nous ont esté faites sur ce sujet, ne tournent en quelque sorte à la surcharge de nostre peuple, Nous auons creu en deuoir chercher quelques-vnes pour le soulager, & luy rendre le fardeau des Tailles plus supportable. Et apres auoir fait examiner par des principales personnes de nostre Conseil, les Aduis qui nous ont esté donnez, Nous n'en auons point reconnu de plus vtile & necessaire, que celuy de la suppression de plusieurs Offices, dont nous auons reconnu la fonction preiudiciable à nos Subjets, tant par la multiplicité d'iceux, & de leurs priuileges & exemptions, que par les fraudes & abus qu'y commettent la plus-part de ceux qui en sont pourueus : Et ne s'en rencontrans point dont le nombre soit plus grand & moins necessaire, que les Officiers des Elections, establis fort prudemment dans leur commencement, & depuis augmentez sous l'esperance qu'vn plus grand nombre contribuëroit à faire l'assiette de nos Tailles auec plus de iustice & égalité, & la leuée auec plus de facilité : Mais comme il arriue d'ordinaire par la corruption qui s'introduit insensiblement dans toutes les choses du monde, que les ordres establis à meilleure fin, s'alterent tellement auec le temps, qu'au lieu de l'vtilité qu'on auoit esperée, ils produisent vn effet contraire, on a éprouué depuis quelques années, que le grand nombre d'Officiers créez esdites Elections, dont on s'estoit promis que la fonction seroit vtile au public, n'a seruy qu'à soustraire & exempter les plus riches taillables de nos Prouinces, par le priuilege de leurs Charges, & sous l'authorité d'icelles, à décharger leurs parens, alliez & confidens, & à surcharger les pauures & les foibles, faisant tomber nos Tailles en non valeurs par l'inegalité de leurs impositions; Ce qui nous a contraint d'accorder de grandes & extraordinaires remises par les Traitez que nous auons faits, pour tirer vn plus prompt secours des deniers de nosd. Tailles: Lesquels sans les abus cõmis par lesd. Eleus, pourroient estre portez à nostre Espargne sans aucune diminution, & seruir aux dépenses plus pressées. A CES CAVSES, Sçauoir faisons, Qu'ayant fait mettre cette affaire en deliberation en nostre Conseil, auquel estoient la Reyne nostre tres-honorée Dame & Mere, aucuns Princes de nostre Sang, autres Princes, Ducs, Pairs & Officiers de nostre Couronne, & autres grands Personnages: De l'Aduis d'iceluy, & de nostre certaine science, pleine puissance & authorité Royale, Nous auons par nostre present Edit perpetuel & irreuocable, esteint & suprimé, esteignons & supprimons les Officiers des Elections de ce Royaume, tant en chef que particuliers, Receueurs des Tailles & du Taillon, & Payeurs des Mareschaussées; Ensemble les Payeurs des gages & droicts desdits Eleus, fors & excepté ceux cy-apres declarez & specifiez, lesquels nous auons retenus & conseruez selon l'ordre de leur reception, sans qu'à l'aduenir lesdits Officiers reseruez puissent estre supprimez pour quelque cause & sous quelque pretexte que ce soit: Sçauoir és Elections composées de cent Parroisses, & au dessus, les deux Presidens, vn Lieutenant, l'Assesseur, & quatre Eleus, vn nostre Procureur, les Greffiers, vn Receueur des Tailles, vn Receueur du Taillon, lequel toutefois ne pourrra estre possedé ny exercé que par ledit Receueur des Tailles : Et és autres Elections au dessous de cent Parroisses, vn President, vn Lieutenant, vn Assesseur, deux Eleus, vn nostre Procureur, les Greffiers, vn Receueur des Tailles, & vn Receueur du Taillon, auec condition que dessus : Et en chacune desdites Elections, les Huissiers & Sergens des Tailles qui y sont presentement establis, lesquels toutefois ne doiuent joüir d'aucune exemption des Tailles. Et attendu que l'Election de nostre bonne Ville de Paris est composée d'vn si grand nombre de Parroisses, que si nous auions retranché les Officiers d'icelle, il n'en resteroit pas suffisamment pour rendre la Iustice à nos Subjets, tant sur le fait de nos Tailles, faire leurs cheuauchées dans lesdites Parroisses, connoistre des differends qui arriuent pour la perception des droicts de nos Fermes des Aydes, Entrées, cinq grosses Fermes, barrages; generalement pour vacquer en mesme temps aux diuerses fonctions de leurs Charges; Nous n'entendons comprendre en la suppression portée par le present Edit, le President, des Lieutenans, l'Assesseur, les Eleus, les Controlleurs Eleus, nos Aduocat & Procureur anciens, les Greffiers, & trois Receueurs des Tailles de ladite Election de Paris, & vn Receueur particulier du Taillon, lequel aussi ne pourra estre exercé ny possedé que par lesdits Receueurs des Tailles; A la charge de payer par chacun desdits Officiers reseruez, les sommes ausquelles ils seront moderément taxez en nostre Conseil. Voulons que lesdits Presidens esdites Elections fassent la fonction de Commissaires Examinateurs, & lesdits Lieutenans celle de Garde scels, & lesdits Assesseurs & Eleus celle de Controlleurs de la recepte desdites Tailles, chacun à leur tour, d'année en année : Et quant ausdits Receueurs des Tailles, ils feront la recepte des deniers du Taillon, droicts & gages desdits Officiers, & des Aydes & équiualans, conioinctement auec ceux de nos Tailles; seront leurs contraintes executées pour toutes les années par mesmes Huissiers & Sergens : Et seront lesdits Receueurs des Tailles és grandes Elections tenus d'establir des Bureaux de recepte és lieux qui leur seront par nous donnez, pour la facilité du payement desdits deniers : Voulons & entendons que les susdits Officiers supprimez, soient à l'aduenir compris dans les rolles des Tailles, selon leurs biens & facultez, comme les autres taillables de nostre Royaume, à commencer du premier iour de Ianuier dernier : Et que des deniers qui seront receus par lesdits Receueurs des Tailles, ils payeront de quartier en quartier, & par preference les deniers du Taillon & solde, aux Receueurs generaux du Taillon, & Tresorier general de la solde pour ce créez & establis, pour estre par eux distribuez & payez selon l'ordre de nos Estats en la maniere accoustumée : Et ioüiront les Officiers par nous retenus, des mesmes gages droicts, priui-leges & exemptions dont ils ont ioüy iusques à present; faisant defenses à tous les autres Officiers par nous presentement supprimez, de s'immisser en la fonction & exercice desdites charges, à peine de faux, & d'estre décheus de leurs remboursemens. Et d'autant que nostre intention n'est pas par cette suppression de priuer du remboursement, ny de la ioüissance des droicts, ceux qui sont pourueus desdits Offices supprimez par le present Edit, qu'ils ont acquis sous la foy publique de nos Edits, Nous voulons que lesdits Officiers supprimez ioüissent à l'aduenir des droicts hereditaires à eux attribuez pour deux quartiers, ainsi qu'ils ont fait pendant les années dernieres; Et qu'eux, leurs heritiers, & ayans cause en soient payez, & qu'à ces fins l'employ en soit fait dans les estats de nos Finances: Et pour le regard des Offices, gages & droicts casuels, dont il seroit difficile d'establir vn pied plus raisonnable pour le remboursement que sur le prix qui en a esté fait entre les particuliers par ventes volontaires auant le premier Ianuier dernier, Nous voulons que l'estimation en soit faite sur le pied du dernier vendu en chacune Election, suiuant la iustification qui en sera faite par Contracts en bonne forme, & qui ne puissent estre soupçonnez de fraude ny de collusion: Et en cas que lesdits droicts hereditaires soient compris dans les Contracts de vente, distraction sera faite de la valeur desdits droicts hereditaires, & le corps desdits Offices & droicts casuels estimé separément, comme dit est. Le tout ainsi qu'il sera reglé par les Commissaires qui seront à cette fin par nous deputez, pour estre les Proprietaires desdits Offices supprimez, payez actuellement desdites sommes de deniers de nos Tailles, aussi-tost qu'il aura plû à Dieu donner la Paix à nostre Royaume ; Et cependant nous voulons qu'à commencer au premier Ianuier prochain mil six cens cinquante-cinq ils soient payez des interests au denier dix-huit de ladite somme, sur les trois premiers quartiers de nos Tailles sans aucune diminution ny retranchement, pour quelque cause, & sous quelque pretexte de necessité publique que ce puisse estre, dont l'employ sera fait dans lesdits Estats de nos Finances. Et ne seront lesd. Officiers par nous reseruez par nostre present Edit, suiets à aucune suppression, pour quelque cause & consideration que ce soit, nonobstant tous Edits, Ordonnances & Reglemens à ce contraires : Et desirant par mesme moyen soulager nos peuples des frais des procez qu'ils intentent pardeuant les Officiers desdites Elections, & par appel en nos Cours des Aydes, tant pour raison des surraux, que décharges de la nomination des Collecteurs, à la poursuite desquels procez les parties se constituent en plusieurs frais & dépenses qui excedent souuent le principal ; Nous voulons que pour le bien & soulagement de nosdits Subjets, lesdits Officiers des Elections par Nous reseruez iugent à l'aduenir des cottes des particuliers qui n'excederont point en tout la somme de vingt liures, sans que les parties se puissent pouruoir par appel, ny autrement contre lesdits iugemens attendu la modicité des cottes, sinon en cas que les Syndics & Procureurs des Communautez soient demandeurs pour l'augmentation desdites cottes. Et quant à celles qui seront au dessus de ladite somme de vingt liures, les Iugemens desdits Eleus seront executez par prouision, suiuant nos Ordonnances & Reglemens cy-deuant faits, leur en attribuant à cette fin tout pouuoir & iurisdiction. Et où aucuns Collecteurs nommez par les Habitans des Parroisses pretendront d'en estre déchargez, ils seront tenus d'intenter leur action dans le mois de Decembre precedent l'année de leur collecte, sur laquelle lesdits Officiers feront droict sommairement, pour estre leurs Sentences en cas d'appel, aussi executées par prouision; Et les Collecteurs par eux confirmez, tenus faire la leuée desdites Tailles, à peine d'estre contraints en leurs propres & priuez noms, au payement entier desdites impositions, lequel appel les parties interessées seront tenuës de faire iuger dans la fin du mois de Mars ensuiuant en nos Cour des Aydes, ausquelles enjoignons d'ainsi le faire, apres lequel temps passé ne pourront lesdits Collecteurs pretendre aucune décharge, ny se pouruoir en nosdites Cours. Et d'autant que par nostre present Edit nous attribuons de nouueaux pouuoirs, fonctions & émolumens aux Officiers que nous conseruons esdites Elections, & que par ce moyen le prix de leurs Charges sera notablement augmenté, Nous ordonnons que lesdits Officiers retenus, dont le nombre sera composé des anciens uiens en reception, payeront entre les mains du Tresorier des parties Casuelles, les sommes ausquelles ils seront moderement taxez en nostre Conseil. Et à faute par lesdits Officiers retenus tant Presidens, Lieutenans, Assesseurs, Eleus, que nos Procureurs, de les acquitter dans deux mois apres la signification des taxes qui sera faite aux Greffes desdites Elections, Nous voulons & entendons, ledit temps passé qu'ils demeurent supprimez, & que les autres Officiers desdites Elections qui se presenteront soient receus selon l'ordre du Tableau, à payer lesdits taxes au lieu & place de ceux qui seront en demeure; Et en cas de concurrence entre lesdits Officiers, seront les plus anciens preferez aux autres, moyennant ledit payement ils ioüiront de leurs Offices en la maniere qu'eussent pû faire lesdits anciens, lesquels au moyen de ce demeureront supprimez, comme dit est, sans qu'apres ledit delay lesdits anciens Officiers supprimez puissent estre receus pour quelque cause que ce soit à rembourser ceux qui auront payé lesdites taxes à leurs defauts. Et lesquels Officiers qui auront ainsi payé iusques au nombre par nous retenu, demeureront par nous confirmez en leurs Charges; sans y pouuoir estre troublez, ny comme dit est, estre suiets à l'aduenir à aucune suppression. Et d'autant que le principal but que nous nous sommes proposez en faisant la presente suppression a esté de soulager autant qu'il nous sera possible, nos Subjets contribuables aux Tailles, ayans esté deuëment informez que plusieurs particuliers pour s'exempter indeuëment de la contribution de nosdites Tailles, & autres Charges publiques, se sont fait employer par faueur dans les Estats de nostre Maison, & de celles de nostre tres-honorée Dame & Mere, de nostre tres-cher & tres amé Frere vnique le Duc d'Anjou, & de nostre tres cher & tres-amé Oncle le Duc d'Orleans, sans faire aucune fonction ny exercice desdites Charges, ce qui se tourne à l'oppression & surcharge de nos Subjets taillables, Nous voulons que ceux qui se sont fait employer dans lesdits Estats, & lesquels ne seruent actuellement, soient compris aux rolles des Tailles, à commencer du premier Ianuier dernier, pour l'exemption desquelles ceux qui seruiront actuellement seront obligez de representer les ampliations des quittances de leurs gages, & certificat de nostre Cour des Aydes de Paris, comme ils sont employez dans les Estats que nous y aurons enuoyez, dans lesquels le nombre desdits Officiers sera reduit suiuant le Reglement fait en 1634. & ne pourra estre augmenté pour quelque consideration que ce soit : Faisant defenses à nostredite Cour de faire ny laisser ioüir de ladite exemption, que ceux qui seront employez dans les Estats des Maisons cy-dessus exprimées : Et sera informé de l'indeuë exemption des Tailles par ceux qui n'ont actuellement seruy ny receu gages, pour estre les deniers ausquels ils ont deu estre imposez, repetez sur eux au profit des Parroisses où ils sont domiciliez, en deduction des restes deubs par icelles. Et d'autant qu'il importe de pouruoir à la seureté de nos deniers, Nous ordonnons que ceux d'entre les Receueurs des Tailles qui seront par nous iugez les plus capables & les plus soluables pour répondre de nosdits deniers, seront preferez aux autres, & conseruez en la fonction de leurs Charges Et à l'égard des Greffiers il exerceront leurs Charges, ainsi qu'ils ont fait cy-deuant, sans neantmoins qu'ils puissent ioüir de l'exemption des Tailles, sinon en l'année de leur exercice. Si donnons en mandement à nos amez & feaux Conseillers, les Gens tenans nostre Chambre des Comptes & Cour des Aydes à Paris, que ces Presentes ils fassent lire, publier, registrer, garder & obseruer inuiolablement, sans permettre qu'il y soit contreuenu en aucune maniere que ce soit, cessant & faisant cesser tous troubles & empeschemens au contraire, nonobstant tous Edits, Declarations, Arrests, Reglemens, & autres choses à ce contraires, ausquelles & aux dérogatoires des dérogatoires y contenuës, nous auons dérogé & dérogeons par ces Presentes, & nonobstant aussi toutes oppositions ou appellations quelconques, dont si aucunes interuiennent, nous nous en reseruons la connoissance en nostre Conseil, & l'interdisons & defendons à tous nos Cours & Iuges : Car tel est nostre plaisir. Et d'autant que des Presentes on pourra auoir besoin en plusieurs & diuers lieux, nous voulons qu'aux copies d'icelles, deuëment collationnées par l'vn de nos amez & feaux Conseillers & Secretaires, foy soit adioustée comme au present Original, auquel afin que ce soit chose ferme &

stable à tousiours, nous auons fait mettre nostre scel, sauf en autre chose nostre droict, & l'autruy en toutes. Donné à Paris au mois de Mars l'an de grace mil six cens cinquante quatre, & de nostre Regne le vnziéme. Signé, LOVIS: Et plus bas, Par le Roy, De Guenegaud, & scellé en lacs de soye rouge & verte, du grand Sceau de cire verte : Et au dessous est encore écrit.

Leu, publié & registré en la Chambre des Comptes, Oüy & ce consentant le Procureur General du Roy, du tres-expres commandement de sa Maiesté, porté par Monsieur le Duc d'Anjou Frere vnique de sadite Maiesté, assisté des Sieurs du Plessis-Traslin, & de Villeroy, Mareschaux de France, de Vertamont, & de Prieussac, Conseillers ordinaires de sadite Maiesté en ses Conseils, le neufiéme Mars mil six cens cinquante quatre.
Signé, *DENIS.*

Leu, publié & registré du tres-expres commandement du Roy, porté par Monsieur le Prince de Conty, assisté du Sieur de Lhospital, Mareschal de France & des Sieurs de Villemontée & de la Fosse Conseillers ordinaires de sa Maiesté, en son Conseil d'Estat: Oüy & ce requerant & consentant le Procureur General, pour estre executé selon sa forme & teneur. A Paris en la Cour des Aydes les Chambres assemblées le neufiéme iour de Mars mil six cens cinquante quatre.
Signé, DV MOLIN.

Arrest du Conseil d'Estat, portant Reglement general pour les Officiers des Elections de ce Royaume.

SVr le rapport fait au Roy en son Conseil, par les Commissaires deputez par sa Majesté, pour regler les contestations qui interuiendront en l'execution de son Edit du mois de Mars dernier, & liquider les remboursemens ordonnez estre faits aux Officiers des Elections supprimez par ledit Edit, de plusieurs Requestes presentées à sa majesté, par aucuns Presidens, Lieutenans, Eleus, Controlleurs, & Procureur de sadite Majesté, & autres Officiers desdites Elections, pretendans estre du nombre des reseruez par ledit Edit: Et voulant sa Majesté, regler & terminer les differens meus entre lesdits Officiers, & éuiter qu'ils ne se consomment en frais à la poursuite d'iceux. Le Roy en son Conseil, a ordonné & ordonne que les Presidens anciens en reception desdites Elections, soit d'ancienneté ou nouuelle creation, seront preferez à payer la taxe de President retenu, à la charge que si le second en reception trouue auoir financé és coffres de sa Majesté, ou payé quelques sommes de deniers par conuention particuliere, pour la presceance & qualité de premier President; ledit President ancien en reception, sera tenu de le rembourser de ce qu'il aura pour ce payé; & à faute par ledit President ancien en reception de payer ladite taxe dans le temps porté par ledit Edit, l'autre President ſera admis à la payer ſelon qu'il eſt porté par ledit Edit.

Que celuy des Lieutenans Ciuil, Criminel, & Particulier, qui ſera le plus ancien en reception, ſera preferé aux autres à payer la taxe de Lieutenant retenu, & au defaut de payer ladite taxe dans le temps porté par ledit Edit, le plus ancien en reception des deux autres, ſera admis au payement de ladite taxe.

Que le Lieutenant Particulier Eleu qui ne ſe trouuera ancien en reception entre les Lieutenans, & qui n'aura eſté admis à payer la taxe de Lieutenant, ſera receu à payer la taxe d'vn des Eleus retenus, pourueu qu'il ſoit leur ancien en reception, & ſans qu'il puiſſe prendre la qualité de Lieutenant, qu'il demeurera ſupprimée, conformément audit Edit.

Que les Controlleurs Eleus, qui auront prouiſion ſeparée d'Eleu en leur nom, ſeront receus au temps porté par ledit Edit, à payer chacun la taxe d'vn des Eleus retenus, ſuiuant l'ordre de leur reception, à compter du iour de leurs Lettres de prouiſion d'Eleus.

Et à l'égard des Controlleurs Eleus qui n'auront point Lettres ſeparés d'Eleu, ils ne pourront eſtre receus à payer la taxe d'Eleu retenu, qu'au defaut de tous les autres Officiers.

Qu'aux Elections où aucuns des Officiers du nombre des reſeruez par ledit Edit, & depuis la verification & enregiſtrement d'iceluy ſoient decedez ſans auoir payé le droict annuel, leſdits Officiers vaccans demeureront ſupprimez, & ſeront les autres Eleus admis à payer la taxe

'Eleus retenus en la place desdits Offices vacans & supprimez, suiuant l'ordre de leur reception; & en cas qu'aucun desdits Officiers decedez depuis ledit Edit eust payé ledit droict nnuel, celuy qui sera pourueu sur la nomination de ladite veufve ou heritiers, sera admis u payement de la taxe d'Eleu retenu, suiuant 'ordre de la reception du decedé.

Qu'aux Elections où il n'y a des Presidens, ieutenans & Eleus, receus en nombre suffiant, pour remplir les places des Officiers reseruez par ledit Edit, les Aduocats de sadite Maesté esdites Elections, receus & installez demeureront conseruez en qualité d'Eleus, & preferez aux porteurs des Lettres de prouision des Officiers des Elections non pourueus, qui se presenteront pour estre receus ausdits Offices.

Que tous lesdits Officiers reseruez par ledit Edit, seront tenus de payer les taxes sur eux faites audit Conseil, en consequence dudit Edit, dans les termes y mentionnez, sur les peines y contenues: Enjoignant sa Maiesté aux Maistres des Requestes, & autres Commissaires départis dans les Prouinces, de tenir la main à l'execution du present Reglement, & fait defenses à toutes personnes d'y contreuenir, sur peine d'en répondre en leurs propres & priuez noms, & en cas d'oppositions ou appellations, Sadite Maiesté s'en est reseruée la connoissance à soy en sondit Conseil, & icelle interdite à tous autres Iuges. Fait au Conseil d'Estat du Roy, tenu à Paris le premier iour de Iuin mil six cens cinquante-quatre. Signé, CATELAN.

A PARIS,
Chez CHARLES SAUGRAIN, au milieu du Quay de Gévres à la Croix Blanche.

www.ingramcontent.com/pod-product-compliance
Lightning Source LLC
LaVergne TN
LVHW010021230826
846092LV00002B/933

* 9 7 8 2 3 2 9 4 5 7 2 1 5 *